PETRI HEIL!

Andrea VERLAGS GmbH

VORWORT

Das Angeln, wie ein jeder weiß,
ist gar ein schöner Zeitvertreib.
So sitzt du an des Wassers Saum,
kannst ewig auf die Pose schau'n,
die dort weit hinten munter zeigt,
wenn ein Fisch tief unten beißt.

Dem Angler, dieser Frohnatur,
ist Hobbyzeit, Erholung PUR!
Fern von Alltagsstress und Sorgen
fischt er froh, denkt nicht an morgen,
erfreut sich an der freien Zeit,
ist für den großen Fang bereit.

Doch fischt er nicht wie wild daher!
Zum Richtig-Fischen gehört mehr!
An welchen Haken „geht“ der Blei,
ist der Teig ein Einerlei?
Welche Schnur zieht welchen Fisch,
ist der „Gefangene“ gar frisch?

Unser Angler kennt sich aus,
geht meist mit Beute stolz nach Haus!
Der Angler ist sehr pflichtbewusst,
braucht ein Fisch gar seinen Schutz.
Denn ist das Fischlein noch zu klein,
kommt's wieder in das Wasser rein.

Er hat den „Schein“ seit Jahren schon,
begeistert selbst des Nachbars Sohn,
erklärt den Fisch von Kopf bis „Fuß“,
nennt freudig ihm den Angler-Gruß.
Er setzt sich streng für Ordnung ein,
denn die Natur soll „sauber“ sein.

Ja, so ein Angler hat's nicht leicht,
weil es beim Fischen nicht nur bleibt.
Er achtet auf den Fischbesatz,
dass er auch künftig Fänge hat.
Zahlt seinen Beitrag Jahr für Jahr,
ist zur Versammlung immer da.

Wird er von manchem auch belacht,
das Angeln ihm doch Freude macht.
Und ist der Fisch mal nicht so groß,
des Anglers Maß ist doch famos.
So hängt er noch ein Stückchen dran,
er ist doch schließlich Anglersmann!

Wer kennt sich aus mit Fischlatein?
Ja, das kann nur ein Angler sein!
Ist immer freundlich und vergnügt,
wenn er die Fischlein springen sieht.
Wir wünschen niemals Langeweil'
zum Gruß den Anglern: PETRI HEIL!

Der Fischereischein (Angelschein)

... erlaubt dem Inhaber nach bestandener Fischerprüfung das Angeln in deutschen Gewässern. Geprüft wird, je nach Bundesland, durch die untere Fischereibehörde oder den Landessportfischerverband.
Die Ausstellung des Scheines erfolgt entweder in der Gemeinde, im Verbraucherschutzamt oder in den Kundenzentren der Bezirksämter.
Dieser Schein belegt das **KÖNNEN**.

Der Gewässerschein (Angelkarte)

Wer nicht im Besitz eines Fischereischeines ist, kann einen Gewässerschein käuflich erwerben. Dieser wird vom Besitzer des Gewässers ausgestellt und macht den Angelspaß legal. Er ist mit und ohne Fischereischein erforderlich, da sonst der Angelspaß zur **Fischwilderei** wird und strafrechtliche Folgen haben kann. Mit diesem Schein **darf** geangelt werden. Er ist kostenpflichtig und zeitlich begrenzt.

In vielen europäischen Ländern ist das Angeln einfacher geregelt. Dort geben Gemeinden, Postämter oder gar Tabakgeschäfte zeitlich begrenzte Angellizenzen ohne Prüfung aus.

Checkliste

1. Prüfe deine Ausrüstung.
2. Geh auf „Wurmjagd"!
   Bereite den „Super-lecker-Fischfang-Teig" vor!
3. Schaue gen Himmel!
   Packe die Regenausrüstung mit ein!
4. Schnüre ein „Fresspaket"!
   (6 Bier sind auch eine Mahlzeit!)
5. Befreie dich von allem Unwichtigen!
   (Frau in der Küche, Kinder im Garten,
   Handy auf dem Nachttisch)
6. Rute, Fischkorb und Hocker, Köder,
   Angelkasten/-Rucksack am Mann!
   Auf geht's!
7. Suche eine „fängige" Stelle aus!
8. Angel raus, Köder ran, auswerfen und immer schön
   die Pose im Auge behalten!
9. Richte dein „Reich" ein! Fühle dich nicht wie
   zu Hause! Hier hast du Ruhe! Lass es dir gut gehen!
10. Nimm auf dem Hightech-Angelstuhl Platz,
    mach ein Bier auf, lass es dir schmecken!
    ... und immer schön die Pose beobachten.
11. Beißt nicht, gibt's nicht!
    Hole deine Angel ein, probiere den Köder selbst!
12. Hat er nicht gemundet, verfeinere ihn!
13. Prüfe die eingestellten Höhen und Tiefen!
14. Neuer Versuch!
    Köder ran, ausholen, auswerfen!
    Verfange dich nicht in den Ästen!
    In Nestern ist schlecht fischen!

15. Lege den Unterfangkescher „für den Fall, dass ...“ bereit!
16. Schonzeit gibt es nur zu Hause! Sacke ein, was angebissen hat! ... und überhaupt, wozu hast du ausgiebig Anglerlatein „studiert“ ...!
17. Du hast reichlich Zeit! Überlege dir Ausreden für den Kontrollgang des Fischereiaufsehers.
18. Trage eine Schwimmweste! Du kannst Riesenfänge besser ufern und bei einer Kontrolle den Retter des verschwundenen Anglers mimen.
19. Hast du genug gefangen und die Flaschen geleert, räume alles ein und geh nach Hause!
20. Hast du nichts gefangen und die Flaschen geleert, geh trotzdem nach Hause! Überlege, ob dein Wissen über's Angeln ausreicht oder du dich weiter bilden und eine Prüfung ablegen solltest.
21. Halt! Müll entsorgen! Ziehe lautstark Heim!

Signalisiere:
PETRI HEIL - diese Angelstelle ist frei!

Das Angeln, das ist uns're Lust

Melodie: „Das Wandern ist des Müllers Lust"
Text: Redaktion

① Das Angeln, das ist uns're Lust,
das Angeln, das ist uns're Lust,
das Angeln.
Es muss ein echter Angler sein,
der niemals ließ das Angeln sein,
der niemals ließ das Angeln sein,
das Angeln.

② Vom Fischer haben wir's gelernt,
vom Fischer haben wir's gelernt,
vom Fischer.
Er holt den Fisch bei Tag und Nacht,
gibt auf die kleinen Fischlein acht,
gibt auf die kleinen Fischlein acht,
der Fischer.

③ Es dankt ihm still die Meerjungfrau,
die hold erscheint im Morgengrau,
die Meerjungfrau.
Sie singt und tanzt an Meer und See,
erfreut des Anglers große Seel',
erfreut des Anglers große Seel',
die Meerjungfrau.

④ Das Angeln, das ist uns're Lust,
sind uns die Weiber Überdruss,
das Angeln.
Ist jedes Weib eine Meerjungfrau,
wir nehmen es nicht so genau,
wir nehmen es nicht so genau,
beim Angeln.

Lieber in der Sonne angeln
als im Trüben fischen.

Des Anglers Glück

Der Angler ist ein froher Mann,
hängt an der Angel Schweres dran.

Doch wirklich glücklich ist er nur,
kommt eine Nixe an die Schnur.

Stolz erfüllt den Anglersmann.
Er nimmt nach Hause sie sodann.

Und im Gras, auf grünen Zweigen
will er's freudvoll mit ihr treiben.

Doch sie - so kalt, klebt an ihm dran,
das ist nichts für den Anglersmann.

Ihn fröstelt's: ‚Nein das ist nicht schön,
'ne warme Frau ist angenehm!'

Sie ist wohl doch nicht ganz sein Glück.
Er bringt die Nixe schnell zurück!

**Sie schaut und träumt
von einem Mann
und von dem Spaß
im grünen Tang.**

Ein Riesen-Fisch,
was für 'ne Pracht!
Wie freudvoll da
das Herze lacht!

WITZE

Ein Angler prahlt: „Ich war in der Nordsee angeln. Da habe ich einen Fisch gefangen ...! Ich sage dir, wie ich ihn herausgezogen habe, ist der Wasserspiegel um einen Meter gesunken.“ „Ja klar, da hast du wohl einen Walfisch gefangen?“, spottet der andere. Der Angler lächelt mitleidig: „Walfisch? Den nehme ich als Köder!“

Sagt der Fischer im Boot: „Es ist mir scheißegal, wer dein Vater ist - solange ich hier angle, läufst du nicht über's Wasser!“

Der alte Fischer geht ins Wirtshaus und setzt sich zum Doktor: „Wissen Sie schon, was ich heute an der Angel hatte?“ „Ja klar, sie war schon bei mir und hat sich den Blinker entfernen lassen ...!“

Was sind die letzten Worte eines Anglers? „Die Sache hat doch einen Haken ...?“

Der kürzeste Anglerwitz: „Ich hab ihn!“

Liebst du mich eigentlich noch, Rainer?
Angel-Rekorde
Klar, sonst wäre ich heute Abend schon längst beim Nachtangeln.

Ein Mann rennt am Ufer eines Flusses entlang.
Bei einem Angler hält er an und fragt:
„Hallo, ist hier eine Frau vorbei gekommen?
Sie ist blond und trägt ein rotes Kleid.“
„Ja“, sagt der Angler, „vor ein paar Minuten.“
„Gott sei Dank,
dann kann sie ja noch nicht so weit sein!“
„Ja genau,
die Strömung ist heute sehr schwach!“

Zwei Angler fahren im Morgengrauen mit dem Boot zum Fischen raus und angeln drei Stunden ohne Erfolg. Da sagt der eine zum andern: „Die Fische beißen ja heute gar nicht.“ Eine Stunde später antwortet der andere: „Ey Mann, sind wir zum Angeln oder zum Quatschen hier!?“

„Das ist aber ein schmaler Hecht!“, staunt der Anfänger, als er einen Aal am Haken hat.

Fritzchen rennt aufgeregt zu seinem Vater: „Papa, komm schnell, die Mutter liegt ohnmächtig im Flur! Sie hat einen langen Zettel in der Hand und ein gaaaanz langes Paket liegt neben ihr am Boden.“
„Na, endlich“, freut sich der Vater, „meine neue Angelausrüstung ist endlich da.“

„Mama, warum zieht sich der Papa immer einen Anzug an, wenn er zum Angeln geht?“, will Fritzchen wissen.
Die Mutter antwortet:
„Ja, weißt du, so kann er zum Kontrolleur sagen, er sei rein zufällig am Wasser spazieren gegangen. Schließlich angelt niemand in Schlips und Kragen!“

Fritzchen: „Papa, wenn du mir einen Zehner gibst, verrate ich dir, was der Briefträger immer zur Mama sagt, wenn du übers Wochenende angeln bist.“
Der Vater überlegt und sagt: „Gut, abgemacht. Hier hast du deinen Zehner. Also, was sagt er zur Mutti, wenn ich zum Angeln bin?“
„Guten Morgen, Frau Maier. Hier ist Ihre Post!“

Lieber … als …

Lieber einen Goldfisch an der Angel
als Silberfische im Badezimmer.

Lieber Sturm im Haus
als Wind beim Angeln.

Lieber mäßig gefangen
als untermaßig freigelassen.

Lieber ein Würmchen am Haken
als einen Wurm in der Hose.

Lieber einen heißen Draht
zum Fischhändler
als eine kalte Pfanne auf dem Herd

Lieber nasse Füße vom Angeln
als Schweißfüße vom Arbeiten.

Lieber eine Schnakenlarve an der Rute
als eine Schnatterente namens Ute.

Lieber 'ne dicke Bachforelle
als 'ne dürre Stadtschnepfe.

‚O Mann, ich will nicht
„geshoppt“ werden ...!‘

ANGLER - LEXIKON

Angeln, meditative Freizeitbeschäftigung und Vorwand, um aus Haus und Heim zu flüchten, vermutlich genetische männliche Veranlagung, um den Jagdinstinkt zu stillen und die Familie zu versorgen.

Alkohol, wichtigstes Utensil, gleich nach Angel und Wurm, um sich das Starren auf's Wasser zu versüßen.

Ausrüstung, mitgeführtes Sammelsurium, das dabei sein muss, aber nur selten gebraucht wird.

Biss, ist die Hartnäckigkeit eines jeden Anglers, die er mit seinem Beutegut teilt, kann aber auch die Folge eines erbosten Fisches nach dem Fang sein.

Brandungsfischen, hier wird schweres „Geschütz" aufgefahren, es wird von einer Brücke, Klippe oder vom Strand aus gefischt. Um weit auswerfen zu können, wird mit Gewichten von 100 bis 250 g gearbeitet.

Casting, ist keine Talentsuche am Fischteich, sondern das Werfen mit Fliegen- und Spinnruten.

Duftspur, nicht der Lockstoff des Weibes, sondern der für den Fisch. Ein Lockfutter, das von einem Boot aus als Spur gelegt wird.

Drilling, ist hier kein Mehrlingskind, sondern ein Dreifachhaken für die gaaanz großen ...!

Eisangeln, für ganz hart gesottene Angler, die dann blau von der Kälte oder von zu viel Kräuterschnaps sind.

Fischfang, die Hoffnung eines jeden Anglers, mit Beute Heim zu kehren, Äquivalent zum Fisch: alter Fahrradschlauch, kaputter Schuh, alter Kochtopf, Bikini, Dosen ...

Glasaal, ist kein Schmarotzer im Bierglas, sondern ein junger Flussaal, der wegen seines durchsichtigen Aussehens so bezeichnet wird.

Angler - Lexikon

Haken, tückisches Zubehör, das manchmal in die Hose geht, weil die Angel eben einen Haken hat.

Jippi, freudiger Ausruf, wenn nach fünf Stunden Ruhe endlich was an der Angel „zupft“!

Knicklicht, keine defekte Leuchte, sondern ein Leucht-Röhrchen, das dem Angler nachts einen besseren Durchblick verschafft.

Klappe!, die Antwort anderer Angler auf „Jippi“ und heißt so viel wie: „Angeber! Ruhe hier!“
Neid, Neid, Neid!

Kochtopfangler, eine Spezies unter den Anglern. Er erwischt meist den schlechtesten Platz und hat die kuriosesten Fänge.
Der Umweltschutz dankt!

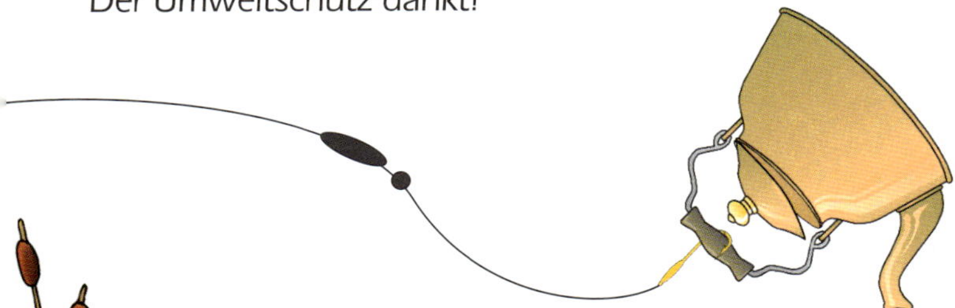

Löffel, Ess-Hilfsmittel, auf das auch das „gemeine Fischvolk“ beißen soll.
Hier droht Vermenschlichung der Tiere!
Wo bleibt der Tierschutzverein?

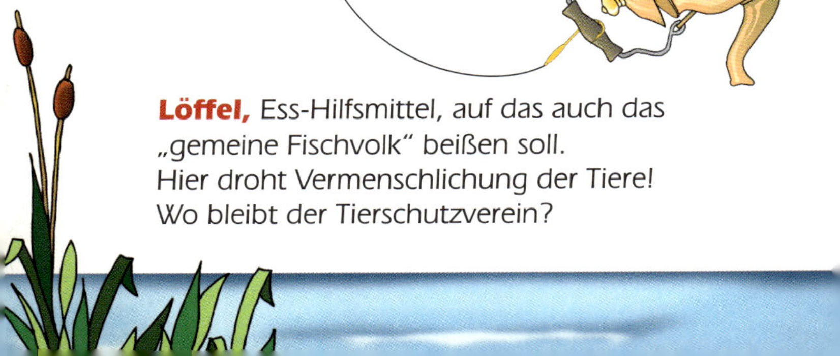

Mindestmaß, die minimale Größe des Fisches von Kopfspitze bis Schwanzflosse, der nicht wieder ins Wasser zurück gelassen werden muss. Die Messinstrumente der Angler sind jedoch recht variabel und notfalls muss der Fang noch auf die Streckbank! Wer geht schon gerne leer aus …!

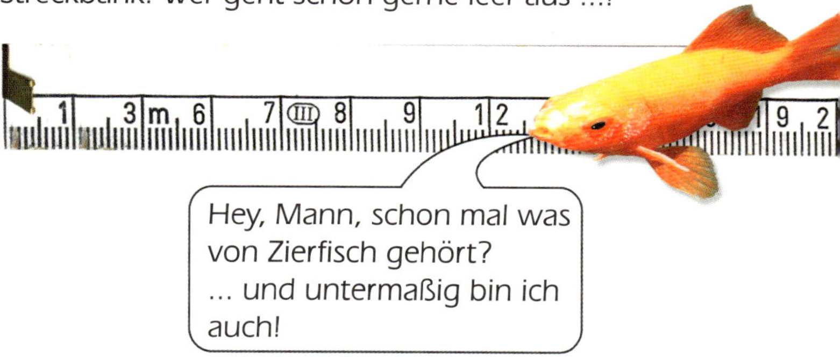

Nymphe, hübsches Wesen, von dem jeder Angler träumt, das ihm letztlich jedoch zu wenig Frau und zu viel Fisch ist.

Petri-Jünger, eine geheimnisvolle Glaubensgemeinde, die ihre Erfahrungen und Erfolge wie einen Schatz hüten.

Quappe, der einzige Dorschfisch, der im Süßwasser lebt.

Reling, vielgenutzte Haltestange, um beim „Fischefüttern“ auf dem Hochseekutter nicht über Bord zu gehen.

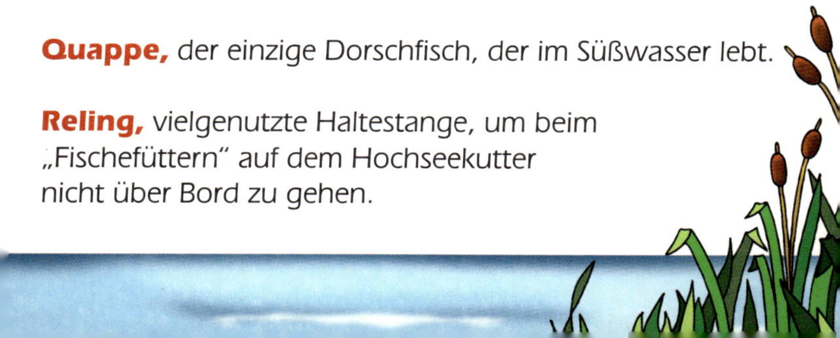

Angler - Lexikon

Rute, das entscheidendste Teil eines jeden Angelbegeisterten. Es gibt sie in den verschiedensten Ausführungen hinsichtlich der Längen, Stärken und Tragfähigkeiten.

Regenwurm, eines der vielen Schimpfworte für Angler, die sich trotz reichlicher Nässe nicht von ihrem Hobby abbringen lassen.

Spinner, ein von jenem selbigen entworfener „Köder“, der den Fischen etwas vorspinnt - nämlich lecker zu sein!

Verein, Mittel zum Zweck, um Angeln zu können.
Wer verfügt schon über eigene Gewässer ...?
Hier werden Zeit und Beiträge kassiert,
aber wer das eine will, muss das andere mögen!

Wasser, Element ohne das es kein Leben gäbe,
ohne Leben, keine Fische,
ohne Fische,
keinen Angler
und ohne Angler,
keinen Karpfen blau,
keinen Aal in Aspik,
keinen Sahnehering,
kein Hechtfilet,
keinen geräucherte Forelle,
keinen Lachs und so weiter
und so weiter!

Schwupp - ins Wasser geh zurück,
hat meine Fisch-putz-Frau heut' Glück!

Witze

Zwei Angler fahren ziemlich spät nach Hause. Sagt der eine: „Wenn ich jetzt nach Hause komme, kocht meine Frau vor Wut.“ Sagt der andere: „Da haste aber Glück. Ich bekomme um diese Zeit nichts Warmes mehr.“

„Sagen Sie, Frau Weiler, warum geht Ihr Mann denn mit einer orangenen Gummijacke und -hose an den See?“ „Ganz einfach: Wenn ihn die Fische so sehen, denken sie, er will nur den Müll am Ufer einsammeln!“

**Angler-Stammtisch:
„Ich angle aus purer Leidenschaft!“, sagt der Erste. Der Zweite erklärt: „Also, ich gehe fischen, weil es mich ungemein beruhigt!“
Der Dritte erklärt: „Ich liebe eben die Natur.“
Der Vierte meint: „Also, für mich ist Angeln reiner Sport!“ Der Fünfte schüttelt den Kopf und schweigt. Erst als ihn alle fragend anblicken, sagt er:
„Nun, Freunde, ich gehe angeln, weil ich einen Fisch fangen möchte.“**

Taucht die Pose auf und ab,
macht der Köder unten schlapp.
Legt sie sich auf's Wasser hin,
hast du gleich den Hauptgewinn.

„So und jetzt üben wir mal
die Angler-Rolle!“

Ein Angler sitzt an einem eisigen Wintertag
mit dicken Backen am See.
Eine alte Dame kommt vorbei und bedauert ihn:
„Ach, Sie tun mir aber Leid, so eine dicke Backe!
Sie haben wohl Zahnschmerzen?"
Mit vollem Mund antwortet der Angler:
„Nein, nein, halb so schlimm!
Ich muss doch irgendwie die Würmer auftauen ..."

Ein Angler geht zum Eisfischen. Er hackt ein Loch ins Eis und will gerade seine Angel herab lassen, da hört er eine Stimme: „Hier gibt es keine Fische!" Der Angler schaut sich um, lässt sich aber nicht stören und gibt die Schnur ins Wasser. Wieder hört er: „Hier gibt es keine Fische!" Er schaut sich wieder um, kann aber niemanden sehen und angelt weiter. Zum dritten Mal hört er: „Hier gibt es keine Fische!" Er hebt den Kopf gen Himmel und ruft: „Herr, bist du es?" „Nein, ich bin der Schwimmmeister des Freibades!"

Brösel sitzt und angelt. Ein Polizist fordert ihn auf, seine Angelsachen einzupacken, fünfzig Euro zu zahlen und zu verschwinden, weil das Angeln hier verboten ist.
„Ich lasse doch nur meinen Wurm baden!", sagt Brösel verschmitzt. Darauf der Polizist: „Na, dann zahlen Sie eben einhundert Euro. Hier ist auch das **Nacktbaden verboten!** Ihr Wurm hat keine Badehose an!"

Was entgegnet ein genervter Angler auf die Frage:
„Na, alle selbst gefangen?"
- „Quatsch, ich hab sie überredet aufzugeben!" -
Oder:
- „Die sind freiwillig zu mir gekommen.
Sie wollten alle mal in die Pfanne gehauen werden!" -

Wie viele Angler braucht man, um eine Glühbirne zu wechseln?
- „Einen, aber verdammt noch mal, du solltest sie gesehen haben, sie war soooooooooo groß ...!" -

Was entgegnet der Angler auf die Frage:
„Beißen sie heute nicht?"
- „Nein, heute ist Streicheltag!" -

Was sind die letzten Worte einer Forelle?
- Alles in Butter! -

Was verlangt eine vernachlässigte Angler-Frau in der Parfümerie?
- ... ein Parfüm, das nach Fisch riecht. -

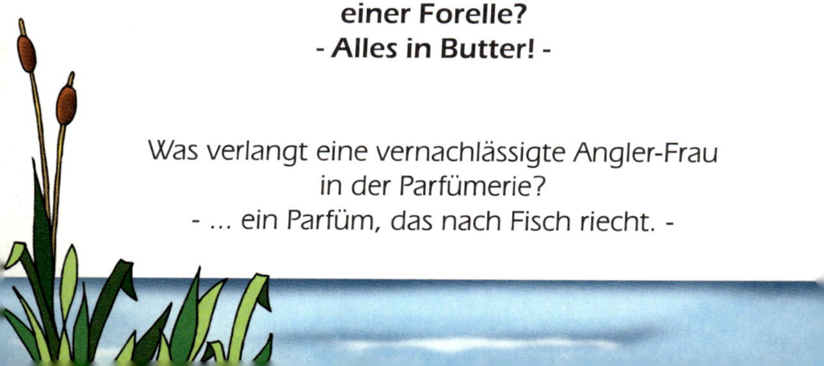

Vegetarisch Angeln

Ein Angler sagt nur dann die Wahrheit,
wenn er einen anderen Angler
einen Lügner nennt!

Wale gehören zu den Säugetieren,
Heringe zu den Salzkartoffeln.

Ein Angler kommt in seine Stammkneipe und sagt zum Wirt: „Ich wette mit dir um 100 Euro, dass ich dir und den Gästen das Verrückteste zeigen kann, das alle hier jemals gesehen haben." „Gut", sagt der Wirt, „die Wette gilt." Der Angler nimmt einen 20 cm großen Zwerg aus dem Rucksack und setzt ihn auf den Tresen. Der Zwerg marschiert darauf entlang und sagt dabei: „Guten Tag, meine Damen und Herren, ich bin Simmel. Sie kennen mich als einen grandiosen Schriftsteller." Die Gäste sind vollkommen verblüfft und klatschen Beifall. Der Wirt: „Hier sind die 100 Euro. So etwas Verrücktes ...! Aber verrate mir, woher du den Zwerg hast." Der Angler: „Dort im Wald gibt es einen kleinen Teich. Am Ufer liegt ein dicker Anker mit einem dicken Seil. Wenn man daran zieht, erscheint ein Geist und erfüllt dir nur einen Wunsch. Du musst ihn aber klar und deutlich aussprechen!" Der Wirt eilt zum Teich, zieht an dem Seil und der Geist erscheint mit den Worten: „Du hast genau einen Wunsch frei." Der Wirt: „Ich will zehn Millionen in kleinen Scheinen!" „Dein Wunsch sei dir gewährt", sagt der Geist und es liegen zehn Zitronen mit kleinen Schweinen am Boden. Wütend stürmt der Wirt zurück und stellt den zechenden Angler zur Rede: „Dein Geist versteht wohl nur Anglerlatein. Ich wollte eine Millionen in kleinen Scheinen und er gab mir zehn Zitronen mit kleinen Schweinen!" „Na und?", meint der Angler grinsend: „Glaubst du, ich hätte mir einen 20 cm großen Simmel gewünscht ...?!"

Ein toller Hecht

Schon gewusst...

..., dass manche **Gerüche** Fische abschrecken?
Also sollte der Umgang mit Seifen, Deos, Rasierwasser, Mückensprays, Parfüm und auch Tabak vor dem Angeln vermieden werden. Der Geruch, der sich an den Fingern befindet, überträgt sich sehr schnell auf den Köder und beeinflusst die Fangquote.
Tests haben ergeben, dass Lebersaft noch in einem Umkreis von 30 Körperlängen auf einen Wels wirkt. Er schwimmt gezielt darauf zu!

..., dass es günstig ist, unter Wasser einen Verbündeten zu haben, der die Beute zum Köder lockt?

..., dass eine **Polarisationsbrille** besonders beim Fischen an Flüssen und Seen sehr hilfreich sein kann? Mit jener ist es dem Angler möglich, Steine und Äste im Wasser besser zu sehen und selbst Fische gut zu orten. Köder können gut platziert werden und der Angler umgeht das Verfangen des Köders. Sie hemmt bei Sonnenschein die Lichtreflexion auf der Wasseroberfläche.

..., dass **Raubfische** gerne im Unterwasser-Geäst auf Beute lauern?
Beißt der Fisch an diesen Stellen, sollte der Angler ihm keinen „Lauf“ gewähren. Er würde ins Geäst flüchten. Die Folge wäre ein Abriss.

..., dass das Fischen an überhängenden **Büschen** sehr vielversprechend sein kann?
Dort lauern die verschiedensten Fischarten auf herunter fallende Raupen, Käfer oder Schnecken.
Bietet der Angler dem Fisch gleiches als Köder, lässt der Fisch sich nicht lange bitten.

..., dass sich an **Schilfkanten** im Frühjahr gut der Hecht ködern lässt?
Er lauert dort auf aus dem Schilf kommende Fische.
Das Blinkern auf Hecht macht sich besonders gut aus einem Boot heraus.

..., dass etwas **Silikon** am Spulenrad ein wesentlich weiteres Auswerfen ermöglicht?

..., dass **Wurmstückchen** im Futter „fängiger“ sind, als ganze Würmer, die sich schnell im Schlamm verkriechen?

Zwei Angler fischen im Fluss. Sie holen ihre Angeln ein. Der eine hat einen Stiefel dran, der andere einen Hut. Da sagte der erste: „Du, wir müssen verschwinden, da unten wohnt einer."

Hans und Max sitzen an einer Brücke am Fluss und sehen, wie jemand von der Brücke springt, um sich das Leben zu nehmen. Sie überlegen nicht lange und springen hinterher um ihn zu retten. Nach langem Tauchmanöver ziehen sie einen leblosen Körper ans Ufer und beginnen ihn zu beatmen.
Hans: „Der riecht ja fürchterlich!"
Max: „Ja, ist ja kein Wunder, der hat ja noch die Schlittschuhe an!"

Ein Angler zieht eine wunderschöne Meerjungfrau aus dem Wasser, betrachtet sie freudig und lässt sie wieder ins Wasser zurück.
Daraufhin fragt ein anderer: „Mann, verdammt, WARUM?"
Der andere: „Ja, Mann, verdammt, … WIE …?"

Macht der stolze Angler Kläuschen
ein verdientes Angelpäuschen,
stehen Angeln und das Reuschen
bis der Fisch kommt aus dem Häuschen.

Auf der Festung Königstein

Melodie: „Auf der Festung Königstein", Text: Redaktion

① Auf der Festung Königstein, juppheidi, juppheida,
muss ja auch ein Angler sein, juppheidi, heida.
Der Angler, der lädt alle ein zu seinem Angelfischlatein.
Ref.: Juppheidi und juppheida,
Fische sind zum Fangen da.
Juppheidi und juppheida, juppheidi, heida.

② Auf der Festung Königstein, juppheidi, juppheida,
muss ja auch ein Fischer sein, juppheidi, heida.
Der Fischer zeigt die größte Beut',
was alle Fischersfrauen freut.
Ref.: Juppheidi und juppheida, ...

③ Auf der Festung Königstein, juppheidi, juppheida,
muss ja auch ein Köder sein, juppheidi, heida.
Der Köder meistens weiblich ist,
er lockt so gern mit einer List.
Ref.: Juppheidi und juppheida, ...

④ Auf der Festung Königstein, juppheidi, juppheida,
muss ja auch 'ne Jungfrau sein, juppheidi, heida.
Die Jungfrau aus dem Teiche ist
und nachts die Männer alle küsst.
Ref.: Juppheidi und juppheida, ...

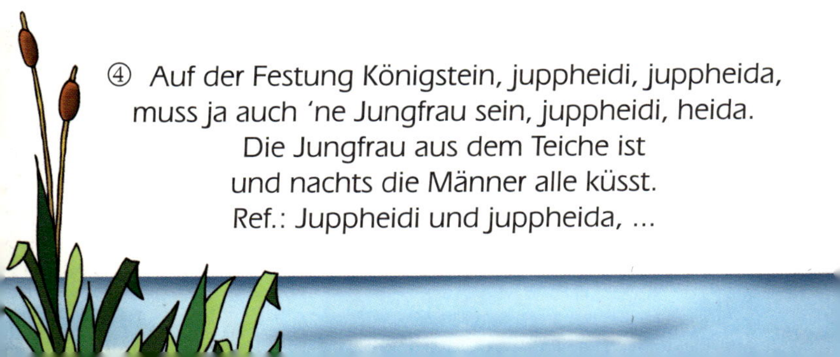

⑤ Auf der Festung Königstein, juppheidi, juppheida,
muss ja auch ein Drachen sein, juppheidi, heida.
Der Drachen schwebt hoch über'm Haus,
schimpft alle Angler kräftig aus.
Ref.: Juppheidi und juppheida, ...

⑥ Auf der Festung Königstein, juppheidi, juppheida,
muss ja auch ein Fischlein sein, juppheidi, heida.
Die Fische liegen auf dem Bauch,
gebraten, denn so ist es Brauch.
Ref.: Juppheidi und juppheida, ...

⑦ Auf der Festung Königstein, juppheidi, juppheida,
muss ja auch das Beten sein, juppheidi, heida.
Gebete für die Fischeschar,
dass da sind sie auch nächstes Jahr.
Ref.: Juppheidi und juppheida, ...

Diese Frauen ...

... und jene Frauen:
Die eine ist froh, dass sie ihre Ruhe hat, wenn du zum Angeln bist.
Die andere dreht mit den Augen, wenn nur das Wort Angeln fällt. Und darum rüstet letztere jetzt gewaltig auf:

① Sie legt sich eine Hightech-Angelausrüstung zu und zeigt dir, was Angeln heißt!

② Sie gründet einen Frauen-Angelverein!

③ Sie fachsimpelt mit ihren Vereinsdamen über „fängige“ Techniken, von denen du nicht zu träumen wagst.

④ Sie organisiert Angel-Wochenenden und -Seminare und drückt dir Haushalt und Kinder auf!

⑤ Sie schlägt dich um Längen mit ihren Angel-Erfolgen!

⑥ Sie hat keine Zeit mehr, einkaufen zu gehen!
Selbst ist der Mann!

⑦ Sie schläft nur selten neben dir ein!
Sie ist Nachtangeln!

⑧ Sie ignoriert: „Wann bist du wieder hier?“

und der Höhepunkt:
Sie angelt sich einen flotten Hecht!

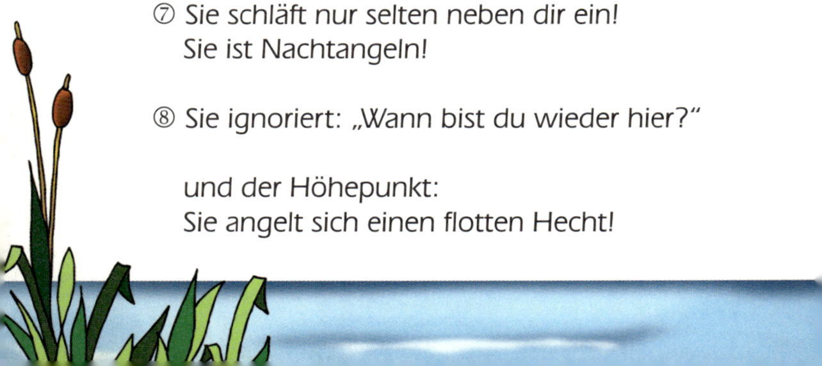

LEHRGANG
ANGELSCHEIN
Hauptschnur
Vorbebleiter
Waggler
Schlagschnur
Fix-Flot-Konnektor
No. 4
No. 4
No. 6
No. 6
Micro-Wirbel
Vorfach 40 cm
?
?
Putt, putt,
putt ...,
ist das so richtig?
ANGEL
SPIEL

GEDICHTET

Das Angeln, welcher Zeitvertreib,
erholt die Seele und den Leib.
Gelassen sitzt du Stund' für Stund',
schaust auf die Posen, auf den Grund.

Und träumst: ‚Ach wie es doch wohl wär',
käm' jetzt 'ne Meerjungfrau daher.
Komm zu mir an des Sees Rand,
was wär' ich außer Rand und Band.'

Da zieht es schon die Pose runter.
He, Angler, werde ganz schnell munter!
Gib acht, zieh schnell die Schnüre ein,
sonst wird der Fisch von dannen sein!

Er packt die Rute, spannt die Schnur,
holt alles ein - der Haken pur!
Mensch, Angler, lass die Träumerei
dann klappt's auch mit der Angelei.

Plöpp, schnell ein Bierchen aufgemacht,
jetzt ist der Angelfreak auch wach.
Bestückt den Haken, wirft neu aus
und droht: ‚Ich hole dich heraus!'

Das Fischlein beißt schnell wieder an,
der Angler zeigt nun, was er kann.
Er kämpft, er schwitzt, er zerrt und zieht,
die Pose weit ins Wasser schießt.

Der Fisch denkt bei sich: ‚So ein Mist!
So geht's, wenn man verfressen ist!'
Verflogen ist nun seine Kraft,
der Angler ihn ans Ufer schafft.

Zückt schnell den Kescher, sackt ihn ein,
so schön kann Angelfreude sein.
Bestätigt schaut er auf den Fisch:
„Du kommst heut Abend auf den Tisch!"

Der Angler packt nun alles ein,
will pfeifend mit der Beute heim.
Doch, lieber Gott, man glaubt es kaum,
der Kontrolleur steht hinterm Baum:

„Mein lieber Freund, was für ein Tier,
zeig her, das Fischereipapier!"
Dem Angler wird es nun ganz bang,
besitzt kein' Schein - sein Leben lang.

„Fischwilderei wird es genannt,
fängt man das Tier in deutschem Land."
Er nimmt ihm ab, den dicken Fisch,
leer bleibt heut abend wohl sein Tisch.

Und künftig weiß er auch Bescheid,
bevor der Angstschweiß wieder treibt.
Denn: Willst du Angeln, offiziell,
hol dir den Schein an richt'ger Stell'!

Am Stammtisch

in der Kneipe schwärmt jeden Abend
der Angler Heiner über seine letzten
großen Angelerfolge.
Heute prahlt er über den riesigen Hecht,
der ihm an die Angeln gegangen ist.
„Soooo groß!", ruft er und breitet seine Arme
soweit aus, wie er nur kann.
Eines Abends beschließen seine
Stammtischkumpels ihm die Hände zu fesseln.
Mit Schadenfreude fragen sie ihn:
„... und, was hast du heute gefangen?"
Ihr könnt es euch gar nicht vorstellen.
Der Fisch war riesig, riesig groß,
größer als alle anderen."
Er öffnet seine Hände
soweit wie möglich und sagt:
„... solche Augen ...!"

Fische legen Eier,
die russischen sogar Kaviar.

Wir brauchen zum Angeln
keine Angelkarte!
Wir finden die Fische auch ohne!

Zwei Hellseher beim Angeln.

Lieber nasse Füße vom Angeln als einen trockenen Mund vom Reden.

Ich angle hier und wunder mich,
ein Schatten groß - ein Riesenfisch.
Und plötzlich lieg ich auch schon lang,
der Fisch greift mich von hinten an!
Vermutlich hat er's Leben satt,
ich gucke nur und bin ganz platt!
Greif nach dem Fisch und zieh ihn raus,
so märchenhaft sieht Angeln aus!

„Kann ich auf Ihrem Acker einige Würmer zum Angeln suchen?“, fragt der Angler den Bauern. „Ich gebe Ihnen später einen Fisch dafür!“ „Und wenn Sie nichts fangen?“, fragt der Bauer. „Hm, dann bekommen Sie Ihre Würmer eben wieder zurück!“

Drei Anglern geht eine Meerjungfrau ins Netz: „Bitte lasst mich frei, ich erfülle jedem einen Wunsch!“ Gesagt, getan. Der erste Angler: „Ich möchte doppelt so intelligent sein, wie ich es schon bin.“ „Gut!“, sagt die Meerjungfrau und prompt zitiert er Goethes Faust. Der zweite Angler: „Ich möchte dreimal so intelligent sein.“ Auch das wird ihm gewährt. Der dritte Angler ist an der Reihe: „Ich möchte fünf mal so intelligent sein!“ Die Meerjungfrau erfüllt auch diesen Wunsch und prompt stand er als Frau da.

Angelfreude

Heiß war dieser Sommertag.
Lange stand ich schon im Rohr.
In der Hand die Angel lag.
Ein Fisch sprang kühn empor.

Schwirrend die Libelle stand,
zeigt' den blauen Bauch.
Ein letztes Rascheln leis' verschwand
mit stillem Windeshauch.

Kein einz'ger Fisch zog an der Schnur;
mir tat das gar nicht leid;
hier war ich eins mit der Natur -
Anglerseligkeit!

Fischbeschwörung:

Ihr lieben Fischlein, gebt fein acht,
ich hab euch Gutes mitgebracht.
Probiert nur immer, lasst's euch schmecken,
sollt euch die Flossen danach lecken.
Langt kräftig zu, habt Appetit,
ich hab genug für alle mit.
So kommt nur alle schnell zu mir,
ihr liebes kleines Fischgetier.

Anglers Gebet:

**Lieber Petrus, hör mich an!
Hier fleht ein armer Anglersmann:
Lass mich fangen einen Fisch,
den ich heut bringe auf den Tisch.
Begebe dich noch nicht zur Ruh
und schaue mir beim Fischen zu.
Gib dir Mühe und mir die Gab',
dass ich was zum Prahlen hab'!**

Die Anbetung:

Lieber Herrgott hör mich an,
häng mir 'nen Riesenfisch doch dran.
So dass ich habe keine Not,
denn Fisch schmeckt mir auch ohne Brot.

Warum Männer angeln gehen

... weil sie unter ihresgleichen sind,

... weil sie dabei ihre Ruhe haben,

... weil sie ihrem Jagdinstinkt folgen,

... weil sie nicht bei der Hausarbeit helfen wollen,

... weil sie ihre steinzeitliche Rolle als Ernährer üben,

... weil sie den Drang nach Freiheit verspüren,

... weil sie dort dem Streit der Kinder entgehen,

... weil sie dabei ungestört ihr Bier trinken,

... weil sie niemandem antworten müssen,

... weil ihnen andere Hobbys zu anstrengend sind,

... weil sie dem Schwiegermutterbesuch entgehen,

... weil sie nicht mit zum Shopping müssen,

... weil sie auch unrasiert Fische fangen,

... weil sie nur in „Action“ (Fangphase) entspannen.

Na dann: Petri Heil!

... weil es ihnen „am Busen der Natur" einfach gut geht!

**Fischlein, Fischlein, tingel, tangel,
komm, beiß schnell an meine Angel!**

Fische fröhlich, heiter, munter,
geh' dabei nur niemals unter!

**Ob ein Wurm gar lecker schmeckt,
wenn er hat im Dreck gesteckt?
Frisch gebadet, sauber, rein,
lieben ihn die Fischelein.**

Erzählt der Angler von 'nem Wal,
dann war es nur ein Zitteraal.

Fängst du als Angler keinen Fisch,
hol ihn vom Markt, ganz frisch.

Geht die Pose rauf und runter,
macht das jeden Angler munter.

**Haut's den Angler gar vom Hocker,
war die Sehne nicht ganz locker.**

Ob im Fluss, Teich oder Meer,
wir Angler angeln alles leer.

Wenn froh und munter alles schwimmt,
dem Angler es sogleich gelingt.
Die Meute doch sehr hungrig ist
und hurtig seinen Köder frisst.
Mit dickem Fang geht er nach Haus
und macht daraus 'nen leck'ren Schmaus.

Ein fetter Fang

Kalle erzählt seinem Kumpel Rolli von seinem gestrigen Einkauf: „Stell dir vor, ich gehe durch dieses Center und suche die Kosmetikabteilung, bleibe aber in der Angelabteilung hängen und schaue mir einen kleinen Satz Angelhaken an. Da steuert dieser junge Verkäufer auf mich zu. Das war so einer, der so richtig Ahnung von allem hat. Der hat mich so toll beraten, dass ich nicht nur den Satz kleine Haken, sondern auch die mittleren und die großen gekauft habe. Zu den Haken hat er mir gleich die richtige Rute mit Rolle, einen Super-Hightech-Kescher und diverses brandneues Kleinzeug verkauft. Dann fragt er mich, wo es denn hingehen soll zum Fischen. Ich überlege kurz und sage, dass ich zum Hochseeangeln an die Küste will. Der Verkäufer meint, dass es von Vorteil wäre, sein eigenes Boot zu haben. Wir gehen also kurzerhand in die Bootsabteilung und ich habe mir ein Boot mit Doppelmotor ausgesucht. Superschnell und supertoll! Ich - hellauf begeistert! Und das geht noch weiter! Was ich denn für einen Wagen fahre, will dann der junge Mann wissen.

Ich müsse ja das Boot auch transportieren können.
Na ja, ich stelle fest, dass mein alter Kleinwagen das nicht schaffen kann!
Also, ab in die Autoabteilung.
Er führt mir einen Jeep mit Allradantrieb vor. Geiles Teil!
Den habe ich auch noch gekauft."

„Mensch, Kalle, was hat denn deine Frau dazu gesagt?" will Rolli wissen.
„Tja, Rolli, eigentlich wollte ich in der Kosmetikabteilung nur Tampons für sie einkaufen ...!
Aber, da das Wochenende ja sowieso schon im Eimer ist, geht es jetzt zum Angeln ...!"

In der Köder-Küche

Teil I - Schnelle Rezepte

<u>08/15 Futter:</u>
2 kg Paniermehl,
1 Päck. feine Haferflocken,
1 Tüte geraspelte Mandeln,
etwas Maismehl,
1 bis 2 Dosen Mais,
(im Winter etwas
Parmesan dazugeben)

<u>Das Spar-Grundfutter:</u>
ganz trockene Mohn-, Sesam- oder Käsebrötchen mahlen, eventuell mischen, Aromen und/ oder Fertigfutter nach Belieben dazu geben

<u>Das Multi-Kulti-Futter:</u>
1 Teil Paniermehl,
1 Teil Legemehl,
Zugabe von Lockstoffen:
z.B. Lebkuchengewürz,
Zimt, Liebstöckel,
Kakaopulver,
Salz, Anis
(besonders „fängig" zur kalten Jahreszeit)

In der Köder-Küche
Teil II - Leckerbissen

Die Feinschmecker-Mischung:
(für Matchrute, mit Bodenblei bzw. Futterkorb)
1 Teil Hanfmehl,
1 Teil Kokosmehl,
2 Teile Maismehl,
3 Teile Paniermehl (v. Toastbrot),
etwas Zuckerkonzentrat,
Maden oder Mais

Für die kleinen Kiffer:
1 l Zwiebackmehl,
½ l helles Brotmehl,
¼ l braunes Brotmehl,
¼ l Polenta (Maisgrieß),
¼ l Biskuitmehl,
¼ l gemahlenen Hanf

Für die Schnapsdrosseln unter den Fischen:
Paniermehl,
Amaretto,
2 Becher Erdbeerjoghurt,
Lehm oder Sand,
Vanillezucker,
Lockstoff

Witze

Am Ufer eines Weihers sitzt ein Angler. Zu ihm gesellt sich ein Spaziergänger. Seit geschlagenen drei Stunden hat der Angler keinen Biss. Der ihn beobachtende Spaziergänger fragt: „Sag mal, gibt es noch irgend etwas langweiligeres als Angeln ...?"

Sie: „Immer wenn du vom Angeln kommst, bist du total nervös." Er: „Ja, bin ich ..."
Sie: „Ich denke, das Angeln beruhigt."
Er: „Ja klar, aber nur, wenn man einen Angelschein hat!"

„Junger Mann, Sie dürfen hier nur mit einem Angelschein angeln!"
„O, danke für den Tipp! Ich habe mich schon gewundert, warum nichts auf meinen Wurm beißt!"

Der Angler

ist hochmotiviert
von Fischfang, Ruhe, Zweisamkeit.
Darum prüft er selbst
ganz ungeniert,
den Köder „Wurm“
mit Heiterkeit.

„He, Atze, gehst du zum Angeln?“ „Ja, klar!“
„Hast du Würmer?“ „Ja, aber ich gehe trotzdem!“

Räucherware

Zu 'nem guten Räucherfisch
gehört ein Schnaps mit auf den Tisch.

Von der vielen Fischebeize,
bekommt der Fisch ganz neue Reize.

Steckfischbraten, Räuchern, Grillen,
jeder Mann nach seinem Willen.

Beginnst du mit dem Räucherofen-Bau,
frag, wo er hin darf, deine Frau.

Bringst du vom Angeln keinen Fisch,
nimm aus der Truhe ihn - fast frisch.

Lieber was selbst Geräuchertes,
als was vom Nachbarn Gekauftes.

Räuchert's aus dem Ofenrohr,
setzt sich die Katze gern davor.
Wartet auf den Räucherfisch,
der bald kommt auf Fischer's Tisch.

Ansonsten sind Räuchern und Rohwurst
nichts für Ungeduldige...

Willis Fischerkate
Zur Räucherei
Zu meiner Frau habe ich gesagt: ‚Trocken Räuchern schmeckt nicht!' Prost, Paule!

Ein Professor angelt in seinem Urlaub an einem See.
Plötzlich steht ein Polizist hinter ihm und schimpft:
„Mit welchem Recht angeln Sie hier eigentlich?“
Gelassen dreht sich der Professor um:
„Nun, mit dem mir gegebenen Recht des genialen Intellekts über die mir unterlegene animalische Kreatur!“
„O, dann entschuldigen Sie bitte!“, meint der Polizist.
„Aber man kann ja nicht alle neuen Gesetze kennen!“

Sitzt ein Angler am Rhein und fischt. Ein Tourist kommt vorbei und schaut ihm eine Weile zu. Er sieht seine Beute im Eimer schwimmen und fragt:
„Haben Sie die Fische allein gefangen?“
Der Angler:
„Nein, natürlich nicht, ein Wurm hat mir geholfen!“

Auf dem Weg zwischen Kirche und Friedhof
kommt der Leichenzug an einem See vorbei,
auf dem ein Angler im Kahn sitzt und fischt.
Dieser sieht den Zug, steht auf,
nimmt seinen Hut ab
und verneigt sich vor dem Leichenzug.
Nach der Beerdingung kommt der Pfarrer
auf dem Rückweg wieder an dem See vorbei
und denkt sich:
‚Diese Geste von dem Angler
fand ich so toll,
ich muss ihn mal
darauf ansprechen.'
Er geht also ans Ufer
und ruft dem Angler zu:
„**Petri Heil**,
guter Mann!
Ich war schon sehr
von Ihrer Anteilnahme
beeindruckt."
Darauf der Angler:
„Ach,
wissen Sie,
Herr Pfarrer,
wenn man 30 Jahre
miteinander verheiratet
war ...!"

Trinksprüche

**Auf den Fang und auf das Leben,
lasst uns tüchtig einen heben.**

Prost, den Anglern, auf Fisch und Fang,
wir wollen Spaß ein Leben lang!

Prost, auf den Köder, auf Angel und Wurm,
dass nie überrascht uns Gewitter und Sturm!

**Prost, allen Fischern und dem Verein,
sie sollen stets gnädig mit uns sein.**

Angel, Hocker, Fischbestreben,
Ruhe, Köder, Einsamkeit.
Auf den Fisch wir einen heben,
nass ist es zu jeder Zeit.

Auf das Wetter und den Fang,
wir Fischen unser Leben lang.

Forelle, Aal und kleiner Hummer,
Rolle, Netze, Wasserkorb,
Angeln macht 'nen großen Hunger
und durstig auch an manchem Ort.
Drum ist dabei die Brustwärmflasche
für die Gesundheit allemal!
Der gute Kräuter in der Tasche,
auf dass der Hering wird zum Wal.

Der Fisch beschaut das Flaschenmeer,
sein Wasser kühlt die Biere sehr.
Er kann die Welt nicht mehr versteh'n,
ach - wenn er könnt', er würde geh'n.

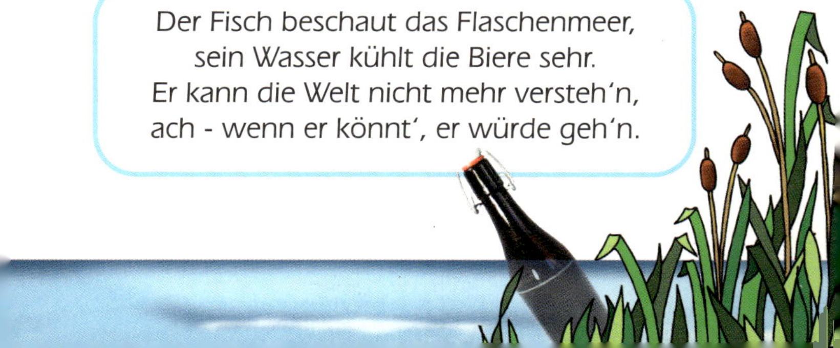

Schreit- oder Streitvogel?

Was der Angler nicht schafft,
schafft der Reiher mit Macht.

Hat der Angler nichts gefangen,
brauch der Reiher um nichts bangen.

Fischt Fischers Fritz im Fremdrevier,
wird's Reiherlein zum garstig Tier.

Der Reiher schreitet durch das Nass,
verdirbt des Anglers Angelspaß.

Lieber Angler gib fein acht,
was ER an deinem Kescher macht!

ER lauert tückisch im Gebüsch,
und wartet auf den nächsten Fisch.

Klaut den Fang und schlingt ihn runter,
Angler aufgepasst! Bleib munter!

Sonst gehst du ohne Fisch nach Haus,
und's Reiherlein lacht dich dann aus.

Sportfischen

**Lieber Sportfischen
als gar keine Bewegung!**

Zwei Pärchen sitzen abends zusammen.
Die Frau des Kumpels schimpft: „Also Franz, „wenn du mein Mann wärst, würde ich dir Gift in den Kaffee mischen! Du verbringst ja mehr Zeit beim Fischen als zu Hause mit deiner Frau.“
Franz: „Ach weißt du, wenn du meine Frau wärst, würde ich den Kaffee glatt trinken.“

Zwei Angler unterhalten sich.
Kalle: „Ich hab jetzt schon seit Monaten keinen guten Fang mehr gehabt."
Paule: „Mensch, das ist doch ganz einfach. Du guckst morgens unter die Bettdecke und schaust, zu welcher Seite ER liegt. Liegt ER links, gehst du am See angeln. Liegt ER rechts, gehst du zum Fluss angeln."
Vierzehn Tage später treffen sich die beiden.
Paule: „Und, hat's funktioniert?"
Kalle: „Na ja, letzte Woche lag ER links und ich war am See angeln, aber mein Fang war nicht wirklich groß. Gestern lag ER rechts, ich war am Fluss, da war der Fang schon besser. Heute habe ich allerdings gar nichts gefangen."
Paule: „Ja, wo lag ER denn heute."
Kalle: „Das ist es ja, heute stand ER."
Paule: „Mensch Kalle, aber wenn ER steht, dann geht man doch nicht angeln!"

Fischfangprüfung

Prüfer: „Nenne mir sieben Raubfische!"
Prüfling: „Zwei Hechte und fünf Barsche ...!"

Ostfriesisches Anglerblatt

Fetter Fang in Ostfriesland

Ein Angler zog kürzlich einen dicken Fang aus dem Wasser: eine Geldbörse mit 1000 Euro. Es berichteten alle Zeitungen darüber und der Angler konnte sich vor Anrufen und Zuschriften nicht retten. Jeder wollte wissen, welchen Köder er benutzt hat.

Ein Mann mit einem dick verbundenen Bein sitzt am Flussrand. Eine Blondine kommt vorbei, sieht den Mann und fragt: „Oh, sie beißen wohl?"
„Ach, wissen Sie, ich bin gefallen!"

Lieber ... als ...

Lieber breitbeinig fischen
als engstirnig denken.

Lieber den Angelrucksack packen
als den Werkzeugkasten sortieren.

Lieber mit Opa zum Angeln
als mit Oma zum Kaffeekränzchen.

Lieber Räucherfisch
als Raucherbeine.

Lieber im Trüben fischen
als auf dem Trocknen sitzen.

Lieber krumm vom Fische fangen
als bucklig vom Arbeiten.

Lieber zehn Goldringe
an der Rute
als einen am Finger.

Lieber einsam auf dem Kahn
als in 'ner rammelvollen Bahn.

Lieber angelnd auf dem Kutter
als zuhause auf der Mutter.

Wird es Ihnen denn nicht
zu langweilig,
wenn niemals einer anbeißt?
Nein,
und Ihnen?

Die Mutti fragt: „He, wo willst du jetzt noch hin?"
Der Sohnemann: „Angeln!"
Mutter: „Aber wir wollen doch gleich essen!"
Der Sohnemann: „Ja, eben!"

Anglerlatein?

Die Ehefrau: „So, ich gehe jetzt auf den Markt und hole Fisch." Mann: „Nein, das dauert doch mindestens 'ne halbe Stunde! Ich fahre zum Angeln, mein Bauch knurrt!"

Eine Anglerin kommt an den See und sieht, wie ein nackter Mann schon halb im Wasser steht: „Guter Mann, ich würde an Ihrer Stelle die Unterhose anbehalten! Hier beißen die Fische selbst an den kleinsten Wurm!"

„... was Sie nicht sagen ..., junge Frau!"

Lieber angeln und fischen als saugen und wischen.

Lieber Blei an der Angel
als an den Füßen.

Lieber den Haken im Finger
als das Messer im Rücken.

Lieber einen flotten Hecht am Haken,
als 'ne dicke Qualle im Schlepptau.

Lieber eine volle Blase
als 'nen leeren Eimer.

Lieber Naturköder
als gar nichts zu beißen.

Lieber Karpfen
als Krapfen.

Wenn Fische sich streiten,
freut sich der Angler!

Ich sitz auf dem Teiche

Melodie: „Da oben auf'm Berge ..."
Text: Redaktion

①

Ich sitz auf dem Teiche und angle vom Kahn,
da glotzt mich 'ne Plötze ganz plötzlich frech an.

Ref.: Holladihia, holladiho,
holladi hoppsassa, holladiho.

②

Ich sag zu der Plötze: „Beiß plötzlich doch an!"
Da hechtet ein Hecht sich zur Plötze heran.
Ref.: Holladihia, holladiho, ...

③

Die Plötze denkt plötzlich: 'Ich setz mich in Marsch,
den Köder soll nehmen der barschige Barsch.'
Ref.: Holladihia, holladiho, ...

④

Da kommt 'ne Forelle, ach wie ich mich freu,
doch die ist so helle und schwimmt schnell vorbei.
Ref.: Holladihia, holladiho, ...

⑤

Nun köder ich leise, will fangen den Schlei,
doch der sieht das Blei und schwimmt eilig vorbei.
Ref.: Holladihia, holladiho, ...

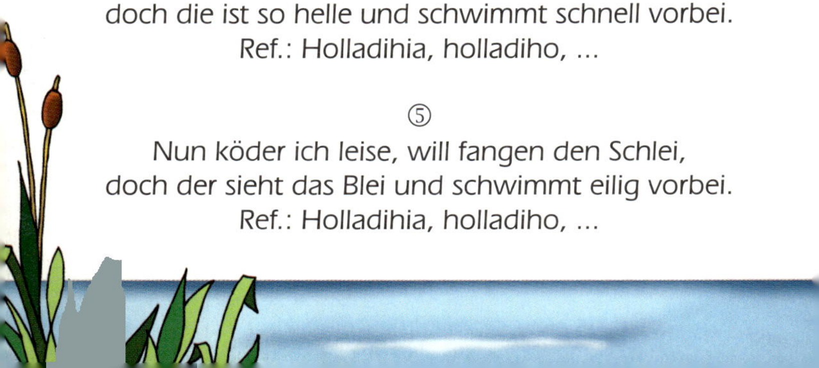

⑥

Die Köder sind alle und mir wird's zur Qual,
ich zieh ein die Leine - nicht einmal ein Aal.
Ref.: Holladihia, holladiho, ...

⑦

So werde, nach Stunden, ich knurrig im Kahn,
die Plötze ganz plötzlich ... sie beißt doch nicht an.
Ref.: Holladihia, holladiho, ...

⑧

Jetzt bin ich am Ende und setz mich in Marsch,
die Laune im Eimer, der Tag ist im ...!
Ref.: Holladihia, holladiho, ...

Nixen - Reime

Trägt die Nixe Schillerlocken,
haut's den Angler aus den Socken.

Singt die Nixe einen Rap,
guckt der Angler wie ein Depp.

Zieht die Nixe ihn am Haken,
hört man nicht nur die Frösche quaken.

Bittet sie um Mahl und Bett,
findet es der Angler nett.

Will sie mit dem Angler geh'n,
gibt es für ihn ein Problem.

Fragt sie ihn nach seinem Weibe,
wird es ihm gar heiß im Leibe.

Lacht die Nixe ihn dann aus,
geht er mürrisch schnell nach Haus.

Die Nixe lässt den Angler laufen,
hat Spaß am Schwimmen, Planschen, Tauchen.

Und die Moral von der Geschicht':
Die Nixe, die veralbert dich!
Vergnügen gibt's mit Nixen nicht!

... der will 'se aus den Nestern holen ...!

Der Angler wirft, das Bleigut zieht,
und alles in die Äste fliegt.
Doch lieber Angler, so wird's nichts,
wenn du hoch in den Bäumen fischst.
Kein Fisch geht dir dort an die Angel,
da oben da herrscht Fischemangel!

In der Köder-Küche Teil III

Matchfutter für Fließwasser:

1kg Waffelmehl (grob),
1kg Maismehl,
1/2 Dose Mais,
Hanf,
50 bis 100 g geriebenen Käse,
500 g Erdnussmehl,
Futterfarbe dunkel,
Aroma-Art je nach Fischart

… ca. 4kg!

Allround-Futter:

400 g feines Biskuitmehl,
100 g gehackte Mandeln,
100 g Kokosflocken,
550 g Semmelmehl,
80 g Melasse,
250 g Vanille-Lockstoff,
500 g Katzenfutter,
40 bis 50 zerschnittene Mistwürmer,
50 bis 100 g Maden,
1 kleine Dose Mais

Für Karpfen:

1 kg Paniermehl,
200 g gedünsteter Mais,
1 Päckchen Vanillezucker,
350 g Wellensittich-Aufzuchtfutter (Tierhandlung)

Die Trophäensammlung

**Schwarze Loch
anno '74**

**Nymphenweiher
anno '66**

**Weinufer
anno '92**

**Wassergraben
anno '95**

**Baracudadreieck
anno '88**

**Schnelle Elster
anno '70**

**Langer See
anno '81**

**Bodden
anno '96**

Gut gekreuzt ist halb gefangen?

Welche Vögel ernähren sich vorwiegend von Fisch?

① die Angler
② die Fischereibehörde
③ die Pelikane

Wozu braucht der Angler einen Kescher?

① zum Tragen der restlichen Ausrüstung
② zur Kühlhaltung der Bierflaschen im Wasser
③ um große Fische sicher zu landen

Was versteht man unter der Wasserblüte?

① eine Vielzahl blühender Seerosen auf einem Gewässer
② im Wasser schwimmendes Falschgeld
③ übermäßige Entwicklung pflanzlichen Planktons

Ein Spinner hat im Gegensatz zu einem Blinker ...

① ... keine Leuchte auf dem Kopf

② ... einen unheimlich Drang zum Anglerlatein

③ ... ein sich um die eigene Achse drehenden Kunstköder

Was ist ein Laufblei?

① ein marathonerfahrener Fisch

② ein schwerer Schuh

③ ein durchlochtes Blei, das den Haken am Wasser-Boden hält und die Schnur frei laufen lässt

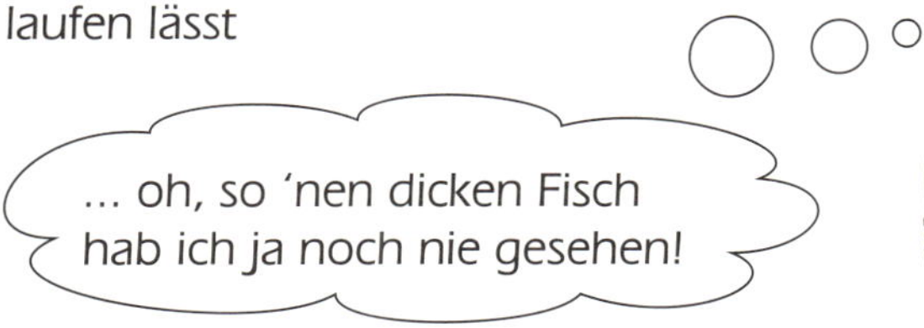

Was ist eine „Bibberspitze"?

① ein ängstlicher Angler

② ein frierender Fisch

③ ein Bissanzeiger an der Rutenspitze

Was ist ein Fischpass?

① ein Identitätsausweis des Fisches

② eine spezielle Angelbefugnis

③ ein Bauwerk, das Fischen die Überwindung von Hindernissen ermöglicht

Was ist aus Angler-Sicht ein Twister?

① ein tanzender Fisch
② der Wutausbruch der Frau, bevor es zum Angeln geht
③ ist ein Kunstköder zum Raubfischfang

Welche Eigenschaften sollte eine Rute haben?

① sie sollte sekundenschnell einsatzbereit sein
② sie muss standhaft bleiben
③ sie muss leicht und stabil sein

Womit ermittelt man die Wassertiefe?

① mit dem Echolot von Landaus
② mit der Gewässerkarte
③ mit einem Lotblei

Gehört ein Müllbeutel zur Anglerausrüstung?

① ja, um die Fische darin zu transportieren
② ja, um bei Regen eine Kopfbedeckung zu haben
③ ja, um den eigenen und auch den Müll des Vorgängers zu entsorgen

Was hat ein Angler zu tun, dem eine Meerjungfrau an den Haken geht?

① seine Hose sichern
② als Betthupferl mit nach Hause nehmen
③ sie in jedem Fall wieder frei lassen, hier greift das Artenschutzgesetz

Was ist eine Multirolle?

① ein Mehrfachpurzelbaum des Anglers beim Fischfang
② die Drehungen, eines Fisch beim Herausziehen
③ eine Rolle mit Übersetzung und rotierender Spule

Wie soll ein Knoten sein?

① gutartig, schmerzfrei und leicht zu entfernen
② nicht lösbar
③ möglichst einfach zu binden und mit hoher Tragkraft

Was versteht man unter „Kalträuchern"?

① das Räuchern im Winter
② das Räuchern an kalten Tagen im Sommer
③ das Räuchern mit geringer Temperatur

Ist der Marmorkarpfen ein einheimischer Fisch?

① nein, er wurde von italienischen Einwanderern mit nach Deutschland gebracht
② ja, es ist eine alte deutsche Fischart
③ nein, er stammt aus Asien und wurde hier „eingebürgert"

Geschafft!

Addiere die angekreuzte Punktzahl
und lese auf der folgenden Seite nach,
ob du wirklich ein Angler mit Kenntnissen
bist oder glatt
damit „baden gehst".

Test-Auflösung

17 - 26 Punkte

Mit dem „Unwissen“ zum Thema Angeln und Ausrüstung geht kein Fisch an deinen Haken. Du solltest „zu neuen Ufern“ aufbrechen! Verkaufe, verschenke oder besser vermiete deine Ausrüstung! Das bringt Geld ein und du kannst deinen Fisch beim Händler kaufen. Du gehst als bester **„Per-Hand-Angler“** in die Geschichte ein!

27 - 50 Punkte

Hand auf's Herz, hast du deinen Angelschein im „Lotto“ gewonnen, gefälscht oder als deinen ersten Fang aus dem Wasser gezogen? Melde dich für den nächsten Lehrgang bei deinem ortsansässigen Angelverein an. Du bist derzeit ein besserer **„Kochtopfangler“**. Nicht aufgeben, deine Voraussetzungen sind nicht hoffnungslos!

51 Punkte

Gratulation! Ein Angler, wie er im Buche steht! Du bist „sattelfest“, „mit allen Wassern gewaschen“, eben einer, der sich auskennt! Deine Beute beißt sicher auch an den kleinsten Wurm ...?

Petri Heil!

Lieber im Regen am See
als bei Sonnenschein
auf der Arbeit.

**Lieber erfolglos fischen
als umsonst arbeiten.**

10 Gründe, die beweisen, dass ein Fisch besser ist als eine Frau:

① Ein Fisch fragt nicht: „Und, war ich gut?“

② Ein Fisch verletzt keine Gefühle.

③ Ein Fisch widerspricht nicht,
auch wenn er das Maul aufreißt.

④ Ein Fisch trinkt nicht das Bier aus.
Er wird höchstens drin eingelegt.

⑤ Ein Fisch kann mit einer
Kreditkarte nichts anfangen.

⑥ Ein Fisch braucht keine Frühjahrs-, Sommer-,
Herbst- und Winterkollektion
im Schuhschrank.

⑦ Einen Fisch kann man in die Pfanne hauen.

⑧ Ein Fisch lebt auch in einem Eimer.

⑨ Ein Fisch ist nicht sauer,
wenn es noch mehr Fische neben ihm gibt.

⑩ Einen Fisch kann man wegwerfen,
wenn er alt ist.

Angeln ist reine Gefühlssache!

Angelt Kalle ohne Hose,
zittert nicht nur seine Pose!

O du lieber Anglersmann

Melodie: „O du lieber Augustin"
Text: Redaktion

① O du lieber Anglersmann,
Anglersmann, Anglersmann,
o du lieber Anglersmann,
was ist dein Fang?
Barsch im Netz, Hecht im Netz,
das wird ein Riesen-Fest.
O du lieber Anglersmann,
was ist dein Fang?

② O du lieber Anglersmann,
Anglersmann, Anglersmann,
o du lieber Anglersmann,
zeig, was ist dran.
Wurm ist weg, Haken weg,
alles weg, ach du Schreck!
O du lieber Anglersmann,
zeig, was ist dran.

③ O du lieber Anglersmann,
Anglersmann, Anglersmann,
o du lieber Anglersmann,
fischst du noch lang?
Dunkle Nacht, kalte Nacht,
komm habe mit mir Spaß.
O du lieber Anglersmann,
fischst du noch lang?

Lieber mit zehn Anglern auf dem Kutter
als mit drei Weibern auf der Kerzenparty.

Anglerpause

Lieber Angelschnüre als Seemannsgarn.

Zungenbrecher

Schwimmt forsch der Dorsch
zum forschen Schorsch,
fängt Schorsch ganz forsch
den forschen Dorsch.

Der barsche Barsch
bläst den Marsch
dem Angler-Arsch,
dem Angler-Arsch
bläst der barsche Barsch
den Marsch.

Dem Kabeljau wird's reichlich flau,
schaut Kabeljau zu seiner Frau.
Frau Kabeljau, die schimmert blau,
und darauf steht Herr Kabeljau.

Herr Schlei, der schleicht im schönen Mai
ganz sachte an Frau Schlei vorbei.

Die schnelle Forelle schlägt eine Welle
auf dem Wege zur Quelle.
Denn an dieser Quelle wird die Pelle der Forelle
vom Lichte ganz helle.

Die Makrele kräht aus voller Seele:
„Trocken ist die Kehle!
Bevor ich mich empfehle,
reich' mir 'nen Tropfen für die Kehle!"

Kalle und Rolli treffen sich.
Kalle: „Stell dir vor, ich war gestern bei uns am Teich angeln und habe einen 2 Meter großen Hecht gefangen."
Rolli: „Ich war vorgestern dort angeln und habe ein Fahrrad herausgezogen, an dem noch das Licht brannte!"
Kalle: „Hey, jetzt übertreibst du aber ...?"
Rolli: „Wenn du deinen Hecht auf 80 cm kürzt, mache ich am Fahrrad das Licht aus!"

Der Esox lucius, bekannt als Hecht,
biss an den Köder, schnell und fest.
So war's um ihn auch schon gescheh'n,
den Angler kann man strahlen sehen!

Warum Männer ungerne ihre Frauen zum Angeln mitnehmen:

Sie können nicht wirklich mit der Ausrüstung umgehen.

Sie ziehen, wenn sie angeln,
die Schnur zu schnell aus dem Wasser.

Sie schimpfen, wenn er sich ein Bier aufmacht.

Sie nörgeln, dass der Hocker zu unbequem ist.

Sie wollen sämtliches Zubehör erklärt haben.

Sie nutzen die Gelegenheit,
um „gleich mal etwas Schwimmen zu gehen“.

Sie glauben, alles besser zu wissen.

Sie fragen unentwegt, wann endlich was beißt.

Sie fragen, wann es denn endlich
nach Hause geht.

Sie reden und reden und reden ...

und am allerschlimmsten:
WENN SIE ANGELN,
FANGEN SIE MEHR FISCHE ALS ER!

Schnell Erwin, den Kescher!
Mann, jetzt fängt DIE den Karpfen, auf den ich seit Jahren aus bin!

Fische unter Sich

„Vorsicht!", sagt die Forelle zu ihrem Kind,
als sie einen dicken Wurm entdeckt.
„Wenn dir so ein Brocken vor die Nase fällt,
ist ganz sicher irgendein Haken dabei ..."

Fragt ein Plötze den Aal:
„Leihst du mir bitte mal deinen Kamm?"
„Nein, du hast mir echt zu viele Schuppen!"

Fragt der Spiegelkarpfen den Schuppenkarpfen:
„Hast du schon gehört? Boilies sind angeblich
krebserregend."
Meint der Schuppenkarpfen:
„Na und? Interessiert mich
doch nicht, was Krebse erregt ..."

Fritzchen sitzt am Teich.
Ein Mann kommt vorbei und sagt:
„Petri Heil, aber Junge, in dem Tümpel
hat es doch noch nie Fische gegeben!"
„Och, ich wollte ja nur
meine Würmer baden!"

**Fischers Fritz fischt frische Fische,
frische Fische fischt Fischers Fritz.**

Der Aal-Angler:
„Wir räuchern alle aus!"

Der Forellenfänger:
„Auf die Schnelle 'ne Forelle!"

Der Zander-Angler:
„Ich geb dem Zander Zunder!"

Der Hochsee-Angler:
„Volle Pfanne voraus!"

Der Scholle-Angler:
„Ich mach dich nackig, dann bist du Filet!"

Der Karpfen-Angler:
„Ich liebe Mollige!"

Der Flunderfänger:
„Flach, aber lecker!"

Der Mega-Vielfänger:
„Nicht drängeln! Jeder kommt ran!"

Der Schleie-Angler:
„Einschleimen ist zwecklos!"

Der Eis-Angler:
„Bleib cool, ich lass dich nicht hängen!"

Eins, zwei, drei und vier, fünf, sechs,
voll sei gleich mein Fischernetz.
Meine Köder - selbstgemacht!
Ach, wie da das Fischherz lacht.
Ökologisch einwandfrei,
frisch aus Eierkuchenbrei!
Kommt nur schnell, probiert, beißt an,
hier, beim besten Anglersmann!

TRINKSPRÜCHE

**Prost, auf unsere lieben Frau'n,
die den Fang in die Pfanne hau'n.**

Füße trocken, Stiefel nass,
Angeln ist ein großer Spaß.
Doch trock'ne Kehle wär' verkehrt,
drum sei ein Schlückchen
uns gewährt!

Auf uns Angler, auf unsere Lust,
fern bleibe von uns Not oder Frust!
Auf die Fischlein, die immer gut beißen
und nicht die Schnüre beim Einhol'n zerreißen!
Auf Petrus, unseren Schutzpatron,
dass uns nie ereilt Spott oder Hohn!
Auf unsere Ehre als Anglersleut',
dass wir froh heimkehr'n mit großer Beut'!
Petri Heil - Ein Prost in die Runde,
wir angeln munter zu jeder Stunde!

**Kleiner Fisch,
großer Fisch,
Schnaps gehört jetzt auf den Tisch!
Ganz egal was wir heut haben,
woll'n uns doch nicht beklagen.
Morgen früh geht's wieder los,
beim Angeln da sind wir ganz groß!**

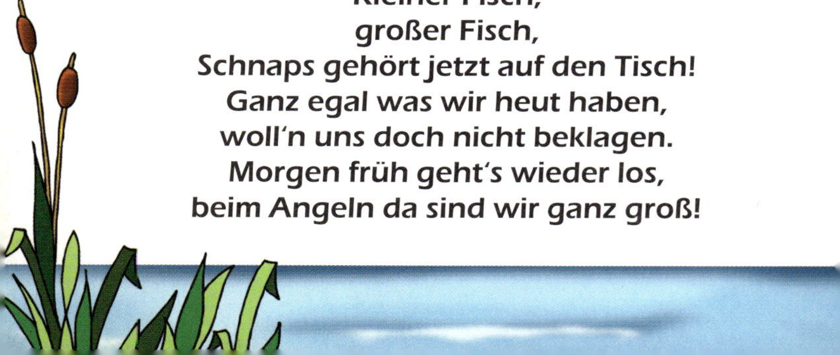

Alkohol im Angelkahn schürt des Anglers Angelwahn.

Willst du beim Fischen dich erholen,
wird dir ein Glöckchen gar empfohlen.
Es schellt während du, Angler, pennst
und deine Pose läuft, gar rennt.
So nimm dies listig Zubehör,
du fängst damit den Barsch, den Stör.

PROST!

Auf unser Anglerleben!
Auf dass wir schnell
den Nächsten heben!

Schleppt der Kalle
Bier und Wein,
lädt er zur Anglerparty ein!

**Hat der Angler
Schnaps im Netz
greift es nicht
- das Fischgesetz.**

Der Fischer und der Angler

Nach der Melodie: „Der Kuckuck und der Esel"
Text: Redaktion

① Der Fischer und der Angler, die hatten einen Streit,
wer wohl am besten fänge,
wer wohl am besten fänge,
wer wohl der Beste sei
zur schönen Morgenzeit.

② Der Fischer wirft die Netze weit in das Meer hinein
und fährt die größte Menge,
und fährt die größte Menge
ins Hafenbecken ein
und wird der Beste sein.

③ Der Angler wirft die Rute, weit in den See hinein,
dann ruft er nach der Jungfrau,
dann ruft er nach der Jungfrau
bis in den Tag hinein,
kann nimmer Bester sein.

④ Der Fischer und der Angler kehr'n in das Wirtshaus ein
und teilen ihre Gaben,
sie werden sich dran laben
am Angler-Fisch-Latein,
am Angler-Fisch-Latein.

In der Köder-Küche Teil IV

Auf die Schnelle:
Weizenkleie,
Paniermehl,
Lehm oder Sand,
Vanillezucker

Für den Nussliebhaber:
3/4 Paniermehl,
1/4 Kokosraspeln
oder gemahlene Nüsse,
Vanillezucker,
Trockenmilch oder
Kaffeeweißer

Plötzen- und Brassenfutter:
2 kg grobes Waffelmehl,
1,5 kg Maismehl,
2,5 kg grobes Paniermehl,
Hanf,
Futterfarbe
(Sommer hell,
Winter dunkel),
Fruchtiges Aroma,
Zur Verfeinerung:
Mais oder Weizen

Schon mancher tolle Hecht
hat sich mit Netzstrümpfen fangen lassen.

Im frühen Morgengrauen geht ein Mann zum Angeln.
Am Gewässer angekommen, beginnt es zu regnen
und zu stürmen.
Der Mann beschließt, wieder nach Hause zu gehen.
Er schleicht sich leise rein, zieht sich aus
und schlüpft zu seiner Frau ins Bett.
Sie fragt leise: „Du bist ja so kalt, wie ist es draußen?"
Er, schon im Halbschlaf: „Kalt und es regnet und stürmt."
Sie: „... und mein Mann, dieser Dussel,
sitzt am See und angelt ...!"

Was sagt die Blondine beim Blinkern?
Für 'nen tollen Hecht
bin ich immer zu haben!

Rudi: „Kalle, ich hab mal einen gefangen,
der hatte 30 Zentimeter!"
Kalle: „Hm, Rudi, das ist doch aber wirklich
nichts Besonderes!"
Rudi: „Zwischen den Augen!?"

Das perfekte Alibi?
Ich hatte einen harten Tag. Ich ziehe mich um und gehe noch etwas angeln!
Ja, klar! Deine Forelle hat ja auch schon dreimal angerufen!

Zum Jubiläum

Als großer Angler bist Du bekannt
und nicht nur beim Vereinsvorstand.
Stets umsichtig und hilfsbereit
stehst Du allen gern zur Seit'.
Drum wollen wir Dich heute ehren,
Dein Anglerglück soll sich stets mehren.
Petri Heil - das wünschen wir,
beim Jagen auf das Fischgetier.

Zum Vereinsjubiläum

**Ein großer Tag, man glaubt es kaum,
tausend Wünsche füll'n diesen Raum.
Das Jubiläum - lang schon ersehnt,
nun lasst freudig die Fahnen weh'n.
Nun hebt die Gläser, stoßt mit an!
Auf uns!
Auf jeden „Anglersmann"!**

Zum Geburtstag

Da hüpft das Anglerherz vor Freude,
es gratuliert Dir der Verein.
Und wünschen freudig alle heute:
Die Zukunft soll erfolgreich sein!
Erfolgreich in Gesundheitsfragen,
viel Beute an den Angeltagen,
Frohsinn und viel Sonnenschein,
erfolgreich sollst Du immer sein!

Treue Mitgliedschaft

Seit vielen Jahren mit Ehr' und Gewissen
bist Du geschäftig und dienstbeflissen.
Wir danken Dir heute für all Dein Tun
und hoffen, Du wirst auch fortan nicht ruh'n.
Wir zählen auf Dich und Deinen Rat,
auf gemeinsame Stunden mit guter Tat.
Sei es Deine Erfahrung, die uns vieles lehrt,
Deine spaßige Art, die uns sehr bekehrt.
Zum Jubiläum Gesundheit und Freude,
stets dicke Fische, stets reiche Beute.
Petri Heil!

Bester Angler

Zum großen Fang unser'n Respekt.
Ein Fisch, der große Freude weckt.
Wir wünschen auch für's nächste Mal:
Dein Fang sei wieder kapital!
Petri Heil!

Lebe glücklich, lebe heiter,
lebe in Gesundheit weiter.
Lebe viele Jahre noch,
lieber Angler, lebe hoch!
Liebe das Angeln,
das Fischlein im Teich,
lieb' die Natur,
denn sie ist Dein Reich.

Früh übt sich, was ein flotter Hecht werden will!

Untermaßig - viel zu klein!
du gehst zurück - ins Wasser rein!

Können Fische riechen?
- Klar,
wenn sie lange genug liegen! -

Was ist unsportlich?
- Im Aquarium zu angeln! -

Was sagt der Abenteurer beim Angeln?
- No risk - no Fang! -

Ins Netz gegangen ...!

Ein Pärchen macht Urlaub an einem See.
Er ist begeisterter Angler und liebt es, schon in den frühen Morgenstunden zum Fischen auf den See raus zu fahren.
Sie vertreibt sich ihre Zeit mit Büchern.
Wie an vielen Tagen kehrte er früh vom Fischen zurück und legte sich noch einmal ins Bett.
Sie wollte die Morgensonne genießen,
nahm das Boot und fuhr hinaus auf's Wasser.
Sie warf den Anker und las genüsslich in ihrem Buch.
Es dauerte nicht lange und der Parkwächter erschien mit seinem Boot.
„Guten Morgen, junge Frau. Was machen Sie denn hier? Sie dürfen hier nicht angeln, Sie befinden sich im Naturschutzgebiet!"
Die Frau schaute etwas erstaunt: „Guter Mann, ich habe ein Buch in der Hand, Sie sehen doch, dass ich lese!"
„Ach wissen Sie, die Menschen sind einfallsreich. Sie haben eine komplette Ausrüstung auf dem Boot und ich werde Sie jetzt mitnehmen.
Sie bekommen einen Strafzettel von mir."
Die Frau schimpft: „Jetzt hören Sie mir mal zu! Ich zeige Sie wegen Vergewaltigung an!"
„Na sagen Sie mal, ich habe Sie doch gar nicht angefasst!", erregt sich der Parkwächter.
„Guter Mann, Sie haben aber die komplette Ausrüstung dabei ...!"

Anglerlatein

Latein ist was für Stubenhocker,
verstaubte trock'ne Rederein!
Der Angler hat es feucht, ist locker,
studiert sein eig'nes Fischlatein.

Was ist das Wichtigste für einen Angler?
- Lange Arme, um hinterher zeigen zu können,
wie groß der Fisch war! -

Lieber Anglerlatein
als gar keinen Wortschatz.

Genießt der Angler Alkohol,
so trinkt er auf der Fische Wohl.

Und hat er reichlich davon inne,
hält er den Bach für eine Rinne.

Ihm dreht das Hirn von dem Genuss,
die Fische werden doppelt groß.

Zum Zeigen reicht der Arm nicht aus,
das Fischlatein nimmt seinen Lauf.

Er demonstriert den Riesenfang,
der Angler gibt unheimlich an!

Ja, so ein Angler der kann Spinnen,
nicht nur mit Ruten, auch mit Sinnen.

Erzählt dem Unerfahr'nen gern,
sein Fischlatein von nah und fern.

Ist dann entzückt und amüsiert,
wenn alles staunt, was ihm passiert.

Doch pass nur auf: Wer zu oft spinnt,
dem ist nicht jeder gut gesinnt!

Angel nüchtern und mit Bedacht,
dir stets das Angel-Glück dann lacht!

Der Fischer

Johann Wolfgang von Goethe

Das Wasser rauscht', das Wasser schwoll,
ein Fischer saß daran,
sah nach dem Angel ruhevoll,
Kühl bis ans Herz hinan.
Und wie er sitzt und wie er lauscht,
teilt sich die Flut empor:
Aus dem bewegten Wasser rauscht
ein feuchtes Weib hervor.

Sie sang zu ihm, sie sprach zu ihm:
„Was lockst du meine Brut
mit Menschenwitz und Menschenlist
hinauf in Todesglut?
Ach wüsstest du, wie's Fischlein ist
so wohlig auf dem Grund,
du stiegst herunter, wie du bist,
und würdest erst gesund.

Labt sich die liebe Sonne nicht,
der Mond sich nicht im Meer?
Kehrt wellenatmend ihr Gesicht
nicht doppelt schöner her?
Lockt dich der tiefe Himmel nicht,
das feuchtverklärte Blau?
Lockt dich dein eigen Angesicht
nicht her in ew'gen Tau?"

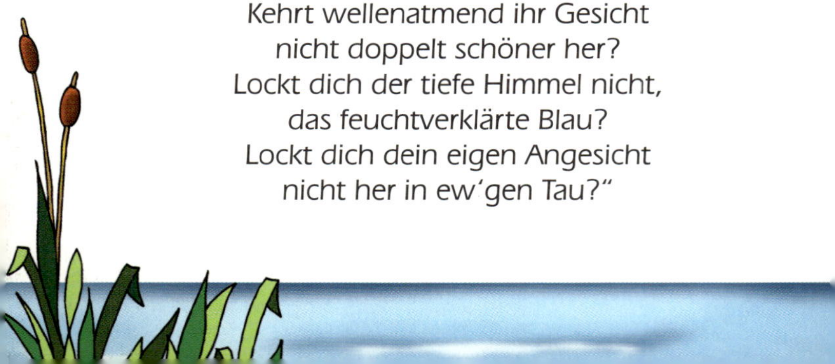

Das Wasser rauscht', das Wasser schwoll,
netzt' ihm den nackten Fuß.
Sein Herz wuchs ihm so sehnsuchtsvoll
wie bei der Liebsten Gruß.
Sie sprach zu ihm, sie sang zu ihm,
da war's um ihn gescheh'n.
Halb zog sie ihn, halb sank er hin
und ward nicht mehr geseh'n.

**So gebt nur acht,
ihr Fischersleut',
dass ihr die Sehnsucht
niemals reut!**

**Schaut nicht
nach den Nixen aus
und geht zu euren Frau'n
nach Haus!**

In eigener Sache

... noch mehr Spaß unter:

www.andrea-verlag.de

Für die besten Autofahrer
Ein rasantes Witze-Sprüche-Buch
für jedes Handschuhfach & jeden Autofahrer,
mit Schlaufe, um es an eine Flasche zu hängen
oder zum Anbringen eines Schutzengels,
Hardcover, Glanzdruck, 116 farbige Seiten,
Karikaturen, Format 12 x 17,5 cm
ISBN 978-3-940025-01-2

Die Feuerwehr-Männer
Heiter-humoriges Feuerwehrleben,
mit Liedern, Sprüchen, Witzen und Rätseln,
Hardcover, Glanzdruck, 144 farbige Seiten,
Fotos, Collagen, Karikaturen, Format 12 x 17,5 cm
ISBN 978-3-940025-38-8

Das lustige Kleingärtner-Leben
Der Gartenspaß für Jung und Alt,
Witze, Sprüche, Lieder und Gags,
mit Schlaufe zum Anhängen,
Hardcover, Glanzdruck,
112 farbige Seiten, Fotos, Collagen,
witzige Karikaturen, Format: 12 x 17,5 cm
ISBN: 978-3-940025-68-5

Partyhosenträger mit Schnapsfläschchen

2 x 0,2 l Kirschlikör 20% vol.,
2 x 0,2 l Korn 32% vol.,
2 x 0,2 l Kräuterlikör 32% vol.,
Format: 30 x 18,5 x 5 cm
Artikel-Nr.: 9064
ILN: 4260070640087

Die ultimative Zollstock-Kollektion

Hochwertige Qualitäts-Zollstöcke (Maßlänge: 2m) in großer Auswahl, farbig bedruckt, zu verschiedenen Themen: „Rentner-Power“, „Tussi-Meter“, „Heimwerker-Schutzengel“, „100Mark-Schein“, „Held der Arbeit“, „Rote Karte“, „Power-Frauen“, „Mann-O-Meter“, „Hasi-Meter“ u.v.m.

Bestell-Nr. :
Anglerglück - 10001Q, Feuerwehr - 10001F, Längste Gurke -10001L

Impressum

Konzeption:
Andrea VerlagsGmbH

Gestaltung/ Layout:
Kathrin Schmigalle

Karikaturen:
Carmen Lang

Texte und Bildmaterial:
Wir danken allen am Zusammentragen
des Inhaltes beteiligten Personen.
Besonderer Dank gilt unseren Hobbyanglern,
die uns ihre Fotos zur Verfügung gestellt haben.

Druck:
Jettenberger, Internationale Druckagentur, Königsbrunn
ISBN: 978-3-940025-74-6

Der Angler

geht beruhigt von dannen,
hat er am Wasser
was gefangen.